AF232413

NOTICE BIOGRAPHIQUE

SUR

CYPRIEN D'ESPOURRIN

PAR

M. Charles DU POUEY

(Lue dans la séance solennelle tenue à Argerès, le 20 octobre 1867, à l'occasion de l'inauguration du monument érigé par la Société académique des Hautes-Pyrénées, à la mémoire de ce poète, près du château de Miramont)

—

PRIX : 1 FRANC 50

TARBES

TH. TELMON, IMPRIMEUR DE LA PRÉFECTURE

1867

NOTICE BIOGRAPHIQUE

SUR

Cyprien D'ESPOURRIN

PAR

M. Charles DU POUEY

(Lue dans la séance solennelle tenue à Argelès, le 20 octobre 1867, à l'occasion de l'inauguration du monument érigé par la Société académique des
Hautes-Pyrénées, à la mémoire de ce poète, près du château de Miramont)

MESSIEURS,

Il y a environ trois ans, grâce à l'initiative de notre Société
académique, un illustre enfant de nos Pyrénées, que vit naître
une vallée presque rivale de celle si admirable où nous nous
trouvons aujourd'hui, recevait le plus éclatant et le plus légitime
hommage. La statue en bronze du baron Larrey était érigée dans
la ville de Tarbes, et le lendemain de cette magnifique cérémonie, à la fin d'un banquet présidé par le fils du grand chirurgien
des armées françaises, un vœu était émis par M. Achille Jubinal.
Pourquoi, s'écriait-il, à l'exemple de ce qui venait d'être réalisé
pour notre compatriote de Beaudéan, d'autres monuments ne
seraient-ils pas élevés à la mémoire de quelques-unes de nos
gloires pyrénéennes? Et, poursuivant son idée, l'honorable
fondateur de la Société académique des Hautes-Pyrénées s'ex-
primait en ces termes : « Les sujets de ces monuments ne
« manqueront pas. Le premier que je recommande est celui de
« d'Espourrin, ce Goudouli de notre pays, ce chantre mélo-
« dieux de nos montagnes, dont les compositions célèbrent les

« joies, les amours, les tristesses de nos pasteurs, dans les
« hautes solitudes et jusques au sein de nos verts glaciers.....
« Un beau buste de d'Espourrin, placé dans la vallée d'Argelès,
« en face de la maison qu'habita le poète, serait visité par tous
« les étrangers, salué en passant par tout le monde, et si la
« moitié seulement de ceux que les chants du barde monta-
« gnard ont émus, intéressés ou amusés donnaient, chacun,
« quelques centimes pour la réalisation du vœu que j'exprime,
« ce n'est pas en marbre, c'est en or que serait le buste. »

Eh ! bien, messieurs, l'idée de M. Jubinal a porté ses fruits,
puisque nous sommes ici. Au sortir de cette séance, nous allons
marcher vers les sentiers qui se souviennent toujours du poète,
et conservent presque, après plus d'un siècle, l'empreinte de
ses pas. Encore quelques instants, et nous allons découvrir à
vos regards la modeste pierre sur laquelle nous avons fait gra-
ver son nom. Si, dans le chemin que nous allons parcourir,
sites enchanteurs où le charme est si magnétique, l'illusion si
facile, l'écho voisin apporte à nos oreilles un tendre refrain, ou
si nous rencontrons, écartée du troupeau et de ses compagnes,
quelque jeune fugitive à l'œil inquiet, au bêlement mélancolique,
qui nous empêchera, notre imagination aidant, de croire, pour
un moment, que c'est le poète lui-même qui chante encore,
invisible, derrière les grands arbres, ou que nous avons retrouvé
l'agnelette perdue que pleurait un jour le berger désolé ?

Mais, avant de nous mettre en route, et quelle que soit notre
impatience à tous, j'ai, messieurs, une mission à remplir; j'ai à
vous entretenir de d'Espourrin, à vous dire qui il était, et d'où
il était venu, car, vous ne l'ignorez point, ce n'est pas dans
ces lieux-ci qu'il a reçu le jour, et si nous pouvons le reven-
diquer comme nôtre dans une certaine mesure, il ne nous ap-
partient tout à fait, ni par son origine, ni par sa naissance.

N'est-il pas regrettable qu'alors que deux ou trois générations,
à peine, séparaient de l'époque de cette naissance, l'obscurité
se fut déjà faite à cet égard, et que des erreurs de généalogie
se fussent produites, hasardées par divers écrivains, répétées
légèrement et propagées par d'autres sur la foi des devanciers ?
Ce n'est pas sans difficulté, qu'au milieu de cette confusion,
et à travers les contradictions des biographes, je suis arrivé à
établir des précisions dont je puis garantir la certitude, la
vérité en ayant été puisée aux meilleures sources, et devenant,
dès lors, incontestable.

Cyprien d'Espourrin, fils de noble Pierre d'Espourrin et de dame Gabrielle de Miramont, naquit à Accous, dans la vallée d'Aspe, en 1698.

J'en rapporte comme témoignage, qu'il y a environ 41 ans, consulté à la prière du savant Palassou (1), par M. le baron de Vallier, lieutenant du roi à Navarrenx, le petit-fils du chansonnier, M. Joseph-Cyprien-Magdelaine d'Espourrin, alors juge au tribunal de première instance de Tarbes, écrivait à ce dernier, à la date du 7 juillet 1826 « que son aïeul était né à Accous, dans la vallée « d'Aspe, en 1698; qu'il y reçut la première eau baptismale, et qu'il « reçut le complément du baptême à Adast, arrondissement d'Ar- « gelès, dans le mois de janvier 1699; qu'ensuite de cela il fut « inscrit sur les registres de cette commune, sous le prénom « de Cyprien. »

On se demande naturellement comment, alors que Palassou avait pu se procurer en 1826, par l'entremise des curés de Sarrance et d'Ogenne, les actes de baptême extraits des registres d'Accous, d'une sœur et de deux frères du chansonnier, Jeanne, Joseph et Pierre, baptisés en 1694, 1707 et 1709, l'acte de baptême de Cyprien ne lui fut pas communiqué en même temps. C'est que sans doute, il n'existait pas plus alors qu'aujourd'hui, car M. le curé actuel de la commune d'Accous, à qui la demande en a été faite tout récemment vient d'en certifier l'absence. Mais ce fait peut s'expliquer si l'on remarque que Cyprien fut seulement ondoyé dans la commune d'Accous d'où il fut porté pour ainsi dire avec ses langes, suivant l'expression de Palassou, dans celle d'Adast où eut lieu en janvier 1699 la cérémonie du baptême. Il resterait à constater si les registres d'Adast mentionnent cette circonstance ; on doit le supposer, puisque c'est sur ces registres très probablement à moins que ce ne soit sur des papiers de famille existant encore alors dans la maison paternelle que, le petit-fils du poète, M. d'Espourrin, juge à Tarbes, découvrit les dates ci-dessus et les transmit en 1826 à M. de Vallier.

C'est une croyance traditionnelle dans la famille d'Espourrin qu'elle est originaire d'Espagne où elle jouissait des priviléges de la grandesse, et entr'autres, de celui de faire élever gratuitement une fille dans un couvent de l'Etat. Divers de ses membres savent qu'elle a possédé des lettres autographes du roi

---

(1) *Observations pour servir à l'histoire naturelle et civile de la vallée d'Aspe, etc.*, par Palassou. — Pau, imp. Vignancour, 1828, p. 76.

— 6 —

d'Espagne adressées à un ancêtre. Une pareille origine, d'ail·
leurs, n'est point démentie par les armoiries de la famille, qui,
selon la légende extraite des *Eléments de paléographie*, archives
de la préf. des H^{tes}-Pyrénées, sont d'azur, à deux massues d'ar-
gent liées et passées en sautoir, accompagnées de trois têtes de
Maures de sable en chef, et de trois épées de gueule en pointe.
Je vais parler plus bas de ces trois épées qui n'étaient pas primiti-
vement dans le blason espagnol, et qui ont été ajoutées plus tard.

Toujours au dire de la tradition, après l'expulsion des
Maures, probablement les derniers proscrits par Philippe III en
1610, la famille passa en France, et se fixa dans la vallée
d'Aspe (Basses-Pyrénées) où elle acheta la maison abbatiale de
Juzan (1), du lieu d'Accous. Il est permis de supposer que le
premier d'Espourrin qui vint d'Espagne en France et y acquit
la maison de Juzan, à Accous, fut Jean, bisaïeul du poète. Il y
a douze ans, cette vieille maison de Juzan existait encore avec
sa tour. Détruite par un incendie, elle est aujourd'hui la
propriété du curé d'Accous qui y a fait bâtir un couvent de re-
ligieuses et un hospice. L'antique portail sur lequel se trouve
le blason de la famille a été simplement déplacé pour servir
d'entrée à une cour du nouveau bâtiment.

En France, comme en Espagne, les d'Espourrin suivirent la
carrière des armes. L'un d'eux, Pierre, écuyer, père du chansonnier, obtint de Louis XIV la permission d'ajouter à son écusson
trois épées. Dans une très intéressante étude sur Cyprien d'Espourrin, publiée en 1843 dans la *Revue de Paris*, M. F. Ducuing
raconte que pendant la guerre de la succession, le père du
poète servant en Espagne en qualité de cornette dans un régiment de Navarre, trouva un jour, pendant un armistice, attablés
sous la treille d'une posada où lui-même était entré pour se
rafraîchir, trois officiers ennemis dont l'un était anglais, et un
autre allemand. Ces messieurs se plaignaient à haute voix de
l'armistice qu'ils trouvaient trop long. Abrégeons-le, si vous
voulez, entre nous, leur crie d'Espourrin en leur jetant son
gant. Et le défi ayant été accepté, Pierre, après un vaillant
combat, emportait les épées de ses trois adversaires, dont il
avait tué le premier, désarmé le second et blessé le troisième.

(1) La famille d'Espourrin ayant quitté Accous en 1765 pour s'en venir définitivement en Lavedan, vendit les droits seigneuriaux d'Accous à un M. Bois-
Juzan, un descendant, sans doute, de ceux de qui les d'Espourrin les avaient
acquis eux-mêmes. (*Voy*. Palassou, page 82.)

Pierre d'Espourrin se retira du service en 1674, et fournit cette année-là, à la chambre des finances du Béarn, un aveu et dénombrement de ses biens qu'il rectifia par un nouveau dénombrement, sous la date du 19 août 1719, dont l'original se trouve aux archives de Pau. Il résulte de ce dénombrement dans lequel il déclare qu'il n'avait à l'époque du premier qu'une connaissance incomplète de ses biens que Pierre était seigneur de la maison abbatiale de Juzan; que cette abbaye, dépendances et droits qui en étaient la suite, lui étaient échus par substitution de noble Jean d'Espourrin son grand-père, ouverts en sa faveur par le décès de feu noble Henri d'Espourrin son père ; qu'en qualité de gentilhomme, il était exempt, en quelque lieu qu'il fût, de charges et corvées, avec droit d'entretenir, sans imposition, deux chevaux pour le service du roi ; qu'il avait droit d'entrée aux Etats généraux du Béarn où il avait voix délibérative ; qu'il avait un droit de dîme sur les fruits excroissants dans les territoires d'Accous, Lhez et Aulet ; qu'en sa qualité de patron en seul du bénéfice d'Accous et de l'annexe de Joirs, il avait droit de présenter les curés, advenant chaque vacation ; qu'il possédait aux lieux d'Accous et de Lhez un droit de péage sur toutes sortes de bestiaux de quelque poil et nature qu'ils fussent, passant et repassant aux dits territoires, et enfin divers autres droits et priviléges dont il est superflu de poursuivre ici l'énumération.

Tel était, dès le dix-septième siècle, le rang social de la famille d'Espourrin, et si comme on peut le lire dans diverses notices et notamment dans l'introduction aux *Chansons et airs populaires du Béarn*, publiés en 1844 par M. Frédéric Rivarès(1), ses ancêtres avaient commencé par être de simples pasteurs. ce qui après tout ne serait pas un déshonneur, il y avait évidemment très longtemps, quand le chansonnier vint au monde, que la famille s'était élevée au-dessus de cette humble condition. Ne descendons-nous pas, d'ailleurs, tous tant que nous sommes, d'une commune origine? Puisque nos ancêtres à tous étaient des pasteurs, la question de race se réduit pour chacun à un nombre plus ou moins respectable de siècles écoulés depuis celui où s'est accompli chez un ascendant laboureur de la veille. le changement d'état. Les d'Espourrin étaient-ils gentilshommes depuis trois, quatre, ou cinq cents ans, ou davan-

____

(1) Sur la réclamation de M. Emile d'Espourrin, la biographie dont il s'agit fut rectifiée par M. Rivarès dans le *Mémorial des Pyrénées* du mardi 11 avril 1854.

tage ? Toujours est-il que ceux qui attachent à ces chiffres une importance quelconque, se tiendront pour satisfaits de savoir qu'ils avaient apporté leur blason d'Espagne où ils avaient dû le conquérir à une époque aussi reculée qu'il plaira de le supposer, et à une date que je défie personne de contester. Cela, certes, importe fort peu aux honorables descendants du poète, qui au-dessus de la noblesse de race placent celle du mérite, du caractère, et des sentiments, et qui n'ignorent pas que celui duquel ils se glorifient aujourd'hui de descendre, estimait, dans celle de ses chansons la plus immortelle, que le seigneur le plus opulent ne valait pas le pasteur content de son sort.

Comment se passa l'enfance de Cyprien? Tous les biographes se taisent à cet égard, et aucun document n'a pu me rien apprendre de cette époque de sa vie. Que n'ai-je été assez heureux pour découvrir quelque trace qui me l'eut fait surprendre au milieu des jeux du premier âge ? J'aurais aimé l'observer, dénichant les oiseaux avec les petits paysans d'Accous, ses camarades, ou le suivre un peu plus tard, au collége de Lescar où il fit, dit-on, une partie de son éducation. Le jeune collégien, si sentimental, si amoureux de la campagne et de la liberté des champs, se sentait-il à l'aise dans sa prison, et la pointe de son canif ne burinait-elle pas déjà sur son pupitre d'écolier des vers de regret adressés à quelque petite Chloé béarnaise de son village?

Le seul trait de sa jeunesse que je trouve raconté partout, est l'historiette de son duel aux Eaux-Bonnes, dont les motifs, du reste, ne sont pas arrivés jusqu'à nous. Si l'anecdote est vraie, elle prouve que son humeur placide était susceptible de devenir belliqueuse à l'occasion et que le sang des d'Espourrin soldats coulait dans ses veines. Je ne veux pas répéter ce petit récit après tout le monde, et je dirai seulement que s'il est un cas où l'on soit excusable d'écouter aux portes, c'est bien celui où le père du jeune Cyprien contemplait par le trou de la serrure son fils enfermé dans une chambre et se battant à l'épée avec l'adversaire dont il avait relevé je ne sais quelle offense.

S'il faut en croire M. Ducuing, qui, je le suppose, n'a pas inventé ce détail, et a dû le tenir de bonne source, d'Espourrin était, physiquement parlant, heureusement doué. D'après cet écrivain, « ... si le chevalier d'Espourrin l'eut voulu, avec sa « *figure*, et son esprit, il aurait pu faire son chemin en cour ; «....s'il avait eu fantaisie de succès de ruelle, il aurait pu se

« présenter hardiment à Versailles avec les lettres ae recom-
« mandation du duc de Gramxront, son protecteur et son ami. »

Mais il préféra passer sa vie exempt d'ambition, sans vouloir
aller à Paris (1 . Et cependant, sa renommée s'étendit bien au-delà
des montagnes où s'écoula sans bruit son existence. On parla
de lui dans le salon de Madame de Pompapour. Et dans sa pa-
resseuse retraite de l'Œil de-Bœuf, Louis XV ne se lassait pas
de se faire chanter par Jéliotte : *Dé cap à tu soy, Mariou.*

La seule circonstance aujourd'hui connue, où l'on voit pour
la première fois, figurer Cyprien d'Espourrin, se rapporte à
« une assemblée de la vallée d'Aspe, tenue au Til de Ber, le
« 22 août 1731, où se trouva présent noble Ciprien d'Espourrin,
« premier jurat d'Acous... » (2) Cette réunion se tint dans le
but de nommer un procureur chargé de recouvrer la redevance
due par les habitants du Lavedan à ceux de la vallée d'Aspe.

L'origine de cette redevance est assez curieuse. M. A. Abbadie
nous la raconte dans son *Itinéraire des Hautes-Pyrénées ;* sa
narration ne sera pas déplacée ici. Laissons-le parler :

« On attribue à St-Savin plusieurs miracles qui furent beau-
« coup accrédités par la crédulité superstitieuse des monta-
« gnards. Des historiens n'ont pas dédaigné de nous trans-
« mettre la relation d'un petit ensorcellement produit par un
« petit abbé de St-Savin.

« Quelques habitants de la vallée d'Aspe, en Béarn, étaient
« entrés en armes dans le Lavedan. L'abbé de ce monastère
« monte sur un sureau, lit quelques conjurations dans un livre
« de magie, et aussitôt, les Aspais, immobiles, glacés par la
« force du charme, sont impitoyablement massacrés par les
« habitants du Lavedan Le pape est instruit de ce meurtre :
« aussitôt, anathème lancé sur la vallée. La terre et les ani-
« maux sont frappés de stérilité ; la maligne influence s'étend
« aux femmes elles-mêmes ; enfin, après six ans, on envoie
« deux députés à Rome pour apaiser le Saint-Père, et l'ana-
« thème est levé, sous condition que les habitants du Lavedan
« paieront une redevance annuelle aux Aspais, et enverront dix
« députés en pèlerinage au tombeau de St-Jacques. »

---

(1) Biographie générale Didot.

(2) *Glanage de Larcher,* tom. 13, page 141. (Bibl. de Tarbes.)

Quoi qu'il en soit de la relation transmise par M. A Abbadie, la redevance était bel et bien payée en 1731, et je félicite les Lavedanais d'en être aujourd'hui affranchis.

A l'époque où eut lieu l'assemblée dont je viens de parler, Cyprien d'Espourrin était déjà marié depuis plusieurs années, et il avait dû se marier fort jeune, car dans une requête adressée le 6 août 1766 au Sénéchal de Bigorre par Jean d'Espourrin, fils du chansonnier, requête dont l'original m'a été communiqué, il est fait mention en deux endroits différents d'un acte de quittance consenti le 6 mai 1726 « par dame Grabielle de Mira- « mon, épouse de noble Ciprien d'Espourrin. »

La femme de Cyprien portant absolument le même nom que sa mère, il est plus que probable qu'il avait épousé sa cousine germaine; mais il ne dut pas venir habiter le château de Miramont aussitôt après son mariage, puisque longtemps après, en 1731, il était encore premier jurat d'Accous où il présidait, comme je l'ai dit plus haut, l'assemblée réunie pour déléguer le procureur chargé de la perception des rétributions dues aux Aspais par les Lavedanais

A quelle époque Cyprien d'Espourrin vint-il donc définitivement s'établir à Adast ? Sans nul doute, peu de temps après 1731, car en 1734 il fut nommé syndic par les communautés de la vallée de la rivière de St-Savin dans le procès qu'elles eurent à soutenir contre les religieux de ce couvent. Mais puisque sa mère était elle-même de Miramont où sa famille résidait au château, la vie du jeune Cyprien avait dû se passer moitié à Accous, moitié à Adast; tout porte à penser que s'il habitait ordinairement avec son père la vieille abbaye de Juzan, il devait faire de fréquents séjours au manoir de Miramont, lieu de naissance de sa mère, et que c'est aussi bien dans l'une que dans l'autre de ces résidences qu'il composa ses premières chansons, jusqu'au jour où devenu, à son tour, maître et seigneur de Miramont, il s'y fixa tout à fait dans le château qui existe encore aujourd'hui aux environs d'Argelès, et dont on lui attribue l'achèvement ou la construction en partie.

Je ne me propose point de vous entretenir sérieusement ici de d'Espourrin au point de vue littéraire. Je ne me suis pas donné pour mission d'apprécier l'œuvre du poète. Une pareille appréciation n'entre point dans le plan de cette notice rapide dont le cadre étroit ne doit, si je m'en tiens à mon intention première, renfermer que des faits biographiques. Les études littéraires, d'ailleurs, sur l'aimable chansonnier, ne manquent pas; j'en ai vu plusieurs et je ne les ai pas vues toutes. Quelques-unes sont très remarquables; après les pages délicieuses et charmantes écrites sur d'Espourrin par Mazure et par Ducuing, il serait imprudent d'essayer le même sujet. Lisez-les, si vous tenez à savoir ce que des esprits d'élite pensent des langues harmonieuses du Midi, et de la poésie héritière des troubadours. Si les patois étaient perdus, dit Charles Nodier dans ses *Notions de linguistique*, il faudrait créer une académie spéciale pour en retrouver la trace, pour rendre au jour ces inappréciables monuments de l'art d'exprimer la pensée. Est-ce à cette opinion de Nodier qu'il faut se rattacher, ou faut-il croire avec Mazure que ces langues n'ont point en elles le germe de la perpétuité; qu'il faut qu'elles se retirent devant l'universalité de la langue, de la loi, de la pensée françaises; que ce sont des ruines à entretenir, non pour l'usage, mais pour l'art? (1)

Lisez-les, vous dis-je; et en attendant que vous les lisiez, permettez-moi de vous citer des uns et des autres quelques lignes détachées au hasard. Serai-je toujours, et tout à fait, de l'avis des plus enthousiastes? Exalterai-je outre mesure le génie de d'Espourrin? On a voulu le comparer à Théocrite, à Virgile. Il ne faut rien exagérer. D'Espourrin est un chansonnier pastoral, un gracieux coupleteur à la muse plaintive et soupirante. Comme Théocrite, la campagne qu'il chante. c'est pour elle qu'il l'aime. Virgile l'aimait un peu par les allusions politiques qu'il y pouvait rattacher. Mais l'amour étant le seul motif auquel d'Espourrin ait demandé des accents, et les traditions locales. les mœurs de la contrée ne l'ayant jamais occupé, ses poésies pourraient finir par sembler monotones, parce qu'au fond le sujet est toujours le même, si l'on ne se rappelait que ce sont de simples chansons, et si l'auteur n'avait répandu dans ces petites églogues une grande variété de tons et d'aspects.

Ses compositions, d'ailleurs, je veux parler de celles que nous connaissons, ne sont pas extrêmement nombreuses. Dans le volume édité par Vignancour à Pau, en 1844, M. Frédéric Rivarès en a recueilli trente; mais, est-ce là tout? Ce n'est pas probable; d'Espourrin composait très facilement et nous n'avons évidemment qu'une faible partie de son œuvre. Il faisait des chansons pour les ouvriers occupés à reconstruire le château

---

(1) A. Mazure (*Histoire du Béarn*, 1839).

de Miramont, et la famille avait longtemps possédé un cahier
de ses compositions qui fut prêté et s'est perdu, n'ayant jamais
été restitué par le dépositaire infidèle. M. Durcau de la Malle,
de son côté, dans son poème sur les *Pyrénées*, dit avoir lu un
recueil entier des poésies manuscrites de d'Espourrin (1).

Quelle preuve a-t-on que ces trente chansons lui appartiennent toutes ? La tradition seule. Puis, sa manière qu'on retrouve
dans toutes, inimitée et inimitable. Aucune de celles qu'on lui
attribue n'a, d'ailleurs, jamais été revendiquée par personne
pour nul autre poète béarnais. Et à ce propos, je signalerai en
passant, l'erreur grave dans laquelle est tombé M. Mary-Lafon,
quand dans son *Tableau historique et littéraire de la langue
parlée dans le Midi de la France* publié en 1842, il a attribué à
d'Espourrin la chanson de Gaston Phébus :

Aquélos mountines qui tà haoutes soun.

Ce même auteur exprime, du reste, une comparaison assez
inexacte quand il appelle d'Espourrin le Béranger des Pyrénées.

Mais pour en revenir à l'authenticité des œuvres de d'Espourrin, si, comme l'a écrit M. Mazure, un grand nombre des
chants qui lui sont attribués existaient, dit-on, traditionnellement
perpétués dans les montagnes et les vallées du Béarn, et si le
poète d'Accous, remaniant selon son goût ces monuments par
lui recueillis de l'esprit ingénieux des montagnards, et ajoutant
à ces simples inspirations le travail de son art, non sans en
altérer involontairement le charme primitif, n'avait été que
l'arrangeur d'antiques et naïves compositions, s'il fallait enfin,
à si peu de distance de d'Espourrin, douter de lui comme on
doute d'Homère et d'Ossian, ne serait-ce pas un grand sujet de
tristesse et de découragement ? Est-il admissible que de tous
ces chants prétendus perpétués traditionnellement jusqu'à
d'Espourrin et par lui retouchés, corrigés et augmentés, il n'en
soit resté dans la mémoire des générations venues depuis,
aucun qui ait échappé à ces remaniements et à ces altérations,
et qui ne porte pas le cachet de sa variante ? Non, la tradition
n'est pas sujette à de telles solutions de continuité ; c'est une
chaîne qui ne se rompt jamais, et qu'il n'est au pouvoir d'aucun
homme de briser. D'Espourrin, lui-même, les eut-il marqués de
l'indélébile sceau de son talent, n'aurait pu empêcher quelques-
uns de ces chants de parvenir intacts jusqu'à nous, tels que la
tradition les lui aurait transmis après les avoir portés jusques

---

(1) *Voy.* Palassou, page 75.

là de siècle en siècle. Or, puisque nous ne possédons pas les deux variantes, c'est une preuve irrécusable que l'œuvre attribuée à d'Espourrin, est bien son œuvre, et non point une œuvre antérieure et retouchée.

Déjà, en 1827, longtemps avant la publication de M. Rivarès, une collection des chansons de d'Espourrin avait été imprimée à Pau, chez Vignancour. Cet éditeur a publié en 1852 un nouveau recueil qui ne contient pas autant de pièces que le volume Rivarès paru en 1844, mais, en revanche, enrichi d'une gravure représentant la pyramide élevée à Accous en 1840 à la mémoire du chansonnier sur l'initiative et par l'infatigable persévérance de Xavier Navarrot, cet autre béarnais, dont la verve malicieuse s'écarte des languissantes bergeries romanes.

Lorsqu'on parcourt ces recueils, on peut regretter avec M. Mazure, « que l'auteur se soit trop maintenu dans les limites « étroites de la chanson ; qu'il n'ait pas élargi les cadres poéti- « ques ; que les mœurs pastorales, les détails de la vie des « champs, les accidents pittoresques de la montagne et de la « vallée se réfléchissent assez peu dans ses poésies, trop idéales, « et ne sachant guère reproduire que les pensées amoureuses « des bergers. Rien qui indique la vie rude et périlleuse de la « montagne, qui rappelle ces grands aspects auxquels l'imagi- « nation des pasteurs ne saurait demeurer insensible ; rien qui « décèle les limites espagnoles, les aventures des contreban- « diers..... Théocrite, au contraire, — ajoute cet écrivain — « pour la pastorale calme et heureuse, est un poète si complet, « si vrai ; chez lui, la nature est si fidèle, sa couleur si locale « et si vive, son art des vers si accompli, que l'on ne saurait « comparer à l'œuvre de ce grand poète rien parmi les œuvres « imparfaites des troubadours méridionaux. » (1)

Un peu de cette teinte de la montagne, qui manque en général aux paysages de d'Espourrin, se trouve néanmoins, de l'aveu de M. Mazure, dans certaines de ses productions ; mais il reproche, peut-être avec quelque raison, au chansonnier, de faire quelquefois du pasteur d'Accous un gentilhomme de l'école de Dorat et du marquis de Pezay.

Pour ces défauts, en revanche, que de qualités ! quel poète possède plus de grâce simple et vraie, de naturel exquis, plus de naïveté touchante et mélancolique, plus de tendresse du sentiment ?

____

(1) A. Mazure (*Histoire du Béarn*).

Ecoutez ces vers qu'il est impossible de lire sans se sentir le cœur débordé d'attendrissement ; encore, après les avoir lus, resterait-il à les entendre chanter :

Fidel Pigou, tu qui as aüdit
Co qui tent dé cops m'abé di',
Tu qui't plasès au caressa
Per ço que you l'aymabi.
Qui pertout l'anabes trouba,
Ayde'm aü ploura.... sabi !

Est-il surprenant que des inspirations empreintes d'un charme aussi natif traversent les âges, et que Laboulinière leur ait prédit qu'un jour peut-être des rapsodes les colporteront comme autrefois, celles d'Homère et d'Ossian?

Mais, aussi, d'Espourrin s'était identifié avec les montagnards qu'il chantait ; et voilà pourquoi, ainsi que l'écrivait M. Landrin, dans sa *Vallée d'Aspe*, les accents moelleux et pleins d'harmonie de ce barde de la montagne sont répétés chaque soir par les échos de la vallée qui ne s'en fatiguent pas.

Tout le monde n'a pas eu, comme l'eut un jour notre président — il me pardonnera de le citer encore — tout le monde, dis-je, n'a pas eu l'heureuse chance, ainsi qu'il le raconte dans ses *Impressions de voyage*, d'entendre chanter sur les lieux même des couplets de d'Espourrin, par une charmante bergère indigène, sous l'ombrage d'une belle châtaigneraie, en face de la maison seigneuriale de Miramont, « appuyé, dit-il, contre « un hêtre qui avait peut-être jadis soutenu également dans « ses rêveries, quelque prieur des Bénédictins. »

Mais nous avons tous entendu cependant, dans notre pays de Bigorre, et cela plus d'une fois, à l'époque des foins, de fraîches voix de jeunes filles remplissant les échos de la campagne, par de tièdes soirées d'été, des refrains patois du poète. A quoi ce patois doit-il son charme irrésistible? M Ducuing va nous le dire : « c'est surtout à l'euphonie vocale, qui naît de l'abon- « dance et de la profusion des voyelles ; c'est aussi aux termi- « naisons, qui se fondent en diminutifs langoureux et s'allon- « gent comme une caresse. C'est par excellence la langue des « mignardises amoureuses : aucune n'a plus de câlineries dans « les termes, dans la phrase plus de naïveté et d'abandon » Et M. Ducuing n'a pas trouvé dans l'ode la plus amoureuse d'Anacréon, dans la plus molle sérénade de l'Italie, des vers qui soient arrivés plus caressants à son oreille et plus mielleux que ceux-ci :

> Bérouyne, charmantine.
> Bérouyne, lou me sou !
> Perqué'n as tu tan de rigou,
> Douce amourine,
> Perqué'n as tu tan d'amarou,
> Per toun aymadou ?

Je ne vous dirai pas ici tous les jolis couplets de d'Espourrin, qui frétillent d'impatience au bout de ma plume, et que je serais si fort tenté de vous dire. Je ne vous les dirai pas, et cela, — c'est encore M. Ducuing qui le fait remarquer avec une indulgence que je comprends très bien, — parce que « la muse béar- « naise n'est pas bien collet-montée. Mais que voulez-vous ? « Elle est fille des champs ; aucune prêtresse de l'hôtel Ram- « bouillet ne lui a servi de marraine ; aucune petite-maîtresse « de la régence ne l'a soumise à son régime de petit-lait et de « vapeurs. »

Rassurez-vous donc, je ne tirerai aucune épingle, je ne dé- nouerai aucun fichu, et la *taille triomphante* de la belle Calixte n'a rien à craindre de mes entreprises

Mais alors, je veux me dédommager par quelques nouvelles citations de M. F. Ducuing, dont je ne saurais me lasser de mettre l'esprit à contribution, en empruntant des alinéas à son excellent article de la *Revue de Paris*.

D'où vient le succès soutenu des airs chantés de d'Espourrin ? De la vie même du paysan béarnais « qui s'écoule doucement « entre la chanson d'été, chantée à l'ombre du hêtre, et le conte « d'hiver raconté au coin du feu. Dans ses loisirs de pasteur, « il jouit d'un ciel clément et d'une terre féconde. C'est une popu- « lation heureuse, aimant la paresse du corps et le far-niente « du lazzarone, si plein de rêves et de fantaisies ..C'est au milieu « de l'afféterie de son époque, lorsque la poésie bucolique fuyait « la nature à tire-d'ailes, que dans un coin des Pyrénées, un véri- « table chalumeau arcadien réveillait la muse champêtre, en- « dormie depuis les anciens jours à l'ombre des bois..... Sans « doute, le poète béarnais n'a pas dans l'imagination cet éclat « et cette largeur de vues qui font les grands poètes. Il se meut « dans un petit horizon, et souvent il est obligé de repasser « dans les sentiers qu'il a déjà parcourus. Mais il a conservé au « moins le sentiment du réel et le culte de la nature et a tou- « jours évité la prétention et la manière. S'il a dans son talent « moins de ressources que Goudouli, moins d'étendue que « Jasmin, il a plus de pureté et de goût. Comme le premier, il « ne s'embarrasse pas de réminiscences classiques ni de formu-

« les savantes ; comme le second, il n'emprunte pas à la langue
« française ces constructions et ces tournures qui faussent et
« déparent si souvent le style du poète d'Agen.. ... Il n'a voulu
« toucher à la poésie populaire que par son côté le plus
« gracieux et le plus charmant : l'amour des bergers. Et même
« il se garde bien d'approcher de l'intérieur du ménage rus-
« tique ; il ne se complait que loin des lieux fréquentés, dans
« les vergers couverts, au revers des côteaux, sous l'abri mys-
« térieux des grandes haies, aux bords ombragés des rivières,
« dans les clairières lointaines où vont paître les troupeaux
« errants. C'est là son paysage ; c'est là que se noue et se dénoue
« l'intrigue pastorale que le poète aime à surprendre. Ce ne
« sont ni les souterrains fatidiques, ni les déserts couverts de
« ténèbres, ni les rochers maudits que hante sa poésie. Elle vit
« toujours au soleil, en face de la nature souriante ; elle suit à
« travers les arbres le jeune pastoureau qui s'adresse à sa blan-
« che agnelle, croyant parler à sa maîtresse. » (1)

Vous voyez que vous ne perdez rien à écouter la prose dia-
mantée, pimpante et coquette, de notre compatriote, l'élégant
écrivain de la *Revue de Paris ;* car M. F. Ducuing est, lui aussi,
un enfant des Pyrénées. Pourquoi faut-il qu'un nuage triste
vienne assombrir le coin de ce riant tableau ? Ecoutez :

« ... Pendant quelque temps encore, les chansons de d'Es-
« pourrin trouveront des échos dociles dans les Pyrénées, elles
« feront tressaillir le cœur des jeunes filles amoureuses. Pen-
« dant quelque temps encore, elles seront aussi pour les jeunes
« gens qui s'exilent un souvenir vivant de leur pays perdu ; elles
« feront pleurer quelque soldat au fond de l'Afrique, quelque
« artisan perdu dans les pampas du Paraguay. Mais vienne
« une autre génération, et tout ce qui fait une province, tout ce
« qui constitue le génie d'une localité, la langue, les mœurs, les
« usages, s'effacera sous le frottement incessant de l'unité na-
« tionale, et les liens si tendus déjà de la centralisation auront
« brisé toutes les résistances de clocher .. Alors tout sera dit
« pour d'Espourrin, et l'on cherchera vainement sa poésie sous
« les débris inféconds d'un idiome détruit »

La prédiction est cruelle, impitoyable. S'accomplira-t-elle ?
Oui, peut-être, hélas ! dans nos plaines ouvertes à tous les
accès de l'envahissement civilisateur. Mais, ici où nous sommes, ou tout au moins dans ces gorges profondes et ces retraites
écartées, dans ces solitudes protégées contre toute invasion,

---

(1) F. Ducuing. *Revue de Paris,* mars 1843.

le montagnard pyrénéen pourra-t-il jamais oublier le patois cinquante fois séculaire de ses pères? Je ne le crois pas. Et dans mille ans encore, à partir d'aujourd'hui, et après ces mille ans, mille autres, il y chantera *La haout sus las mountagnos.*

Je vais maintenant emprunter à un travail consciencieux de M. de Lagrèze (1) quelques détails que je n'ai trouvés nulle autre part :

« ... Lorsqu'un monument lui fut érigé à Accous, du haut de
« son trône lointain, Charles-Jean, roi de Suède et de Nor-
« wége, envoyait son offrande à la mémoire du poète qui avait
« charmé son enfance, et dont il aimait souvent à parler le
« doux et délicieux langage...

« Si les uns ont trop loué le chansonnier d'Accous en le com-
« parant à Théocrite et à Virgile, les autres l'ont trop critiqué
« peut-être en craignant de tomber dans un excès d'éloges ;

« ... Le pasteur des Pyrénées mène pendant l'été une vie
« isolée sur les pics inaccessibles, sur les montagnes solitaires.
« Il est presque toujours seul, et si quelque souffle divin l'ani-
« me, si le travail intime de sa pensée le tourmente, s'il veut
« dire ses peines ou ses sentiments, à qui peut-il les confier si
« ce n'est à lui-même et à la solitude? ...

« ... Ce qu'il y a de certain, c'est que d'Espourrin ne doit
« qu'à son génie l'illustration de son nom ; ses poésies sont ses
« plus beaux parchemins de noblesse... Il confiait ses *Cansous*
« à la voix des pasteurs et des bergères ; la mémoire du peuple
« les a conservées...

« ... Ce n'est que près d'un siècle après qu'elles furent com-
« posées que M. Vignancour les a recueillies, non point sur des
« manuscrits, mais sur les lèvres des pasteurs illettrés de
« nos vallées... »

M. de Lagrèze consigne encore cette particularité assez pi-
quante, que les religieux de Bétharram regrettant de ne pouvoir les chanter aussi, alors qu'elles étaient répétées par tous les
échos de nos montagnes, imaginèrent de les mettre en vers
latins rimés, mais cette traduction, composée pour le décorum
du couvent, fait regretter l'original.

(1) *Recueil des actes de l'Académie de Bordeaux* (1855) — *Essai sur la langue et la littérature du Béarn,* par M. Gustave Bascle de Lagrèze.

Le même écrivain parle dans le cours de cette étude d'un Mémoire dans lequel M. Mary-Lafon aurait fait un parallèle entre Pierre Goudouli et d'Espourrin. Je n'ai pu me le procurer. Mais ce parallèle a été tracé en quatre lignes par M. Marmier : (1)

« ... Goudouli, le pauvre Toulousain, obligé de vendre, pour « subvenir à ses besoins, le mince héritage de son père, a le « visage riant, l'humeur joyeuse, et d'Espourrin, le riche gen- « tilhomme, est triste et rêveur. Autant les chansons de Goudouli « sont-elles folles de gaieté, autant celles du poète béarnais « sont-elles langoureuses et plaintives. C'est toujours l'amour « qu'il chante, mais l'amour souffrant. Ou sa maîtresse ne « l'aime pas, ou elle l'a trahi, ou bien encore, quand elle l'aime, « il faut qu'il la quitte...

> Pastouréts qui n'abét encouere
> Goustat qué plasés et douçous,
> Gouardat-pé sustout d'ayma bère,
> Si loung-temps boulét bibe urous.

M. Marmier dit que les pâtres des montagnes du Béarn chan- tent les couplets de d'Espourrin comme les gondoliers de Venise chantent les romances du Tasse. « ... Prise isolément, « écrit-il, chacune de ses chansons forme un drame intéressant, « ou un tableau gracieux. Mais si on les réunit, on sent que le « même thème, les mêmes idées reviennent trop souvent, et « cette mélancolie d'amour qui d'abord nous séduit devient à « la fin monotone. »

J'en ai fini, et il est temps, avec les citations. Laissons donc le poète et revenons à l'homme.

Bien que M. de Lagrèze prétende que « sa vie s'est doucement « écoulée dans une heureuse obscurité, » d'Espourrin n'eut pas toujours l'esprit tourné vers les chansons, ni le temps d'en faire. Il paya comme tout le monde son tribut aux choses sérieuses de la vie, aux ennuis inséparables de notre passage ici-bas.

Ainsi, ses plus proches voisins, les moines de St-Savin étaient loin d'être ses amis, et ils n'entretinrent pas longtemps ensem- ble des rapports de bon voisinage. Il eut à lutter contre les moines Dom Gottis et Dom Cassaignan, syndics des Religieux de l'abbaye de St-Savin dans un procès contre les communautés de la vallée de la Rivière de St-Savin. Les Religieux demandaient la

____

(1) Poésies populaires de nos provinces par X. Marmier, *Revue de Paris*, août 1835.

directe générale de cette vallée et la propriété des eaux miné-
rales de Cauterets ; procès d'une importance immense pour les
Religieux, et dont le succès en leur faveur aurait porté un coup
mortel à toutes ces communautés et même en général au public
tout entier, que ces religieux se proposaient de mettre à contribution pour l'usage de ces eaux.

Cyprien d'Espourrin, nommé syndic par les communautés en
1734, soutint ce procès avec plus de zèle que les Religieux
n'auraient souhaité, ardeur qui lui était inspirée par l'intérêt
du public et de son pays. Il rallia les communautés divisées et
les réunit pour la défense de leurs biens et de leur liberté. Les
actes qu'il parvint à trouver par ses recherches et ses mouve-
ments infinis, triomphèrent des intrigues du monastère. *Indè
iræ.* Par esprit de vengeance, lit-on dans le Mémoire (1) impri-
mé qu'il produisit dans cette affaire et qui porte les signatures
de Monsieur l'abbé de Rességuier, Rapporteur, de Me Desmoles
avocat, et de Valette, procureur, ces messieurs du couvent
dirigèrent contre lui de *noires imputations.* « *Personne n'ignore,*
« est-il dit dans ce Mémoire, *jusqu'à quel point les moines portent*
« *leur ressentiment.* Le sieur d'Espourrin pourrait citer mille
« exemples que ceux de St-Savin n'ont manqué aucune occa-
« sion de lui manifester le leur. Il se borne à remettre un seul
« extrait d'un de leurs écrits, dans lequel il est traité par eux
« *d'ennemi secret.* »

Mais les tracasseries qu'il eût à supporter de ce côté ne furent
pas les seules. Le 12 avril 1746, et par acte retenu par M^e Du-
pont, notaire, Cyprien d'Espourrin avait acquis de noble Louis-
Dominique Dasson, moyennant la somme de 25,000 livres, les
biens que ce dernier possédait au lieu de Viger, la seigneurie
et fiefs dudit lieu, droits de patronage, de dîme, etc. C'est à
dater de cette époque que lui et ses descendants présentèrent
et nommèrent à la cure de Viger, advenant chaque vacation,
qu'ils furent seigneurs de cette paroisse, et perçurent les gros-
ses et menues dîmes. Mais il eut à soutenir un long procès qui
lui fut intenté par Antoine Depeyré, en cassation du contrat de
vente de la terre de Viger. Il ne vit jamais la fin de ce procès
qui troubla les dernières années de sa vie, et dont il légua la
suite à son fils. Faisait-il allusion à ces ennuis quand il com-

---

(1) C'est dans ce Mémoire et dans d'autres, imprimés à cette occasion, qu'on
lit la véritable orthographe du nom de famille du chansonnier, altérée à tort
par presque tous les écrivains modernes. Il s'appelait D'ESPOURRIN et non pas
DESPOURRINS.

posait ce couplet philosophique dont la morale devrait bien être méditée par ces émigrants insensés que la soif immodérée de l'or chasse du sillon paternel et entraîne au delà des mers, où ils croient trouver le bonheur qu'ils ont laissé pour toujours sous le chaume natal en même temps que leur charrue ?

> Las richesses deü moundé nou hén qué da turmén ;
> Et lou plus bét Seignou, dab soun aryen,
> Nou baü pas lou pastou qui biü countén.

Une preuve que d'Espourrin n'avait pas seulement une vocation de poète, qu'il possédait des aptitudes plus sérieuses, et ne consacrait aux chansons que ses heures de loisir, c'est qu'il fût chargé de veiller à la perfection des routes (1) de Barèges et Cauterets et à la construction du Pont-Neuf de Lourdes.

Il jouit pendant longtemps du droit d'entrée aux Etats de Bigorre pour sa terre d'Adast. Il fut en 1740 nommé syndic de la noblesse et maintenu dans cet honneur en 1743. Il fut encore honoré de la même confiance en 1750 ; 29 voix du corps de la noblesse, et tout le tiers état lui déférèrent encore cette charge de préférence à M. de Luscan qui n'obtint que 22 voix. Il fut en outre subdélégué de l'Intendant.

Sa fortune devait être assez considérable, car il était à la fois, abbé lai d'Accous, seigneur de Miramont, Viger et autres lieux, et il possédait soit en Béarn, soit en Bigorre, des biens rapportant annuellement au moins 4,000 livres, situés dans la vallée d'Aspe, et aux lieux de Miramont, Adast, Nestalas, Arras, Bansilhen, Airos, Arrens et Balagnas en Bigorre. Il avait encore un gros bien à Layan, en Armagnac, provenant de la succession d'un de ses oncles, ancien archiprêtre de Layan.

Ces divers droits, priviléges et qualités sont établis dans des papiers de famille que j'ai eus sous les yeux. Son fils en jouissait pareillement, car en 1783, Monsieur d'Espourrin, seigneur de la paroisse de Viger, faisant sa résidence dans son château de Miramont à Adast, présentait et nommait à la cure de Viger. Il était le seul fruit-prenant de la paroisse. (*Etat des paroisses du diocèse de Tarbes*, tom. V. pag. 799 et 800.)

---

(1) Voir Mémoire cité plus haut.

La famille d'Espourrin n'habite plus aujourd'hui la vallée d'Argelès. Les propriétés qu'elle y possédait ont été vendues, et appartiennent maintenant à des étrangers. Malgré cela, son nom est encore vénéré, chéri, dans ces contrées. Les anciens, qui se souvenaient, ont dit aux survivants du bien de cette famille. Ils étaient bons, en effet, en ce temps-là, comme ils ont continué à l'être dans leur descendance ; je n'en veux pour témoignage que l'enthousiasme unanime qui s'est réveillé dans le pays à la nouvelle de l'érection de notre pyramide. Ils étaient bons, ai-je dit, et sympathisaient, ceux qui étaient seigneurs, avec leurs vassaux ; ceux qui étaient prêtres, avec leurs paroissiens. Lorsqu'en 1783, Mgr l'Évêque de Tarbes lui adressa des demandes au sujet de l'état de l'église et de la paroisse de Salles en Lavedan, savez-vous ce que le frère de Cyprien, Joseph d'Espourrin, archiprêtre de cette paroisse, alors âgé de 77 ans, répondit à la question qui lui était faite sur le caractère des paroissiens, leurs bonnes qualités ou les défauts et les vices les plus ordinaires ? Il fit cette réponse où sa bienveillance se dépeint tout entière : « Le caractère dominant de mes paroissiens est d'être honnêtes, bons et bienfaisants ; on ne leur connaît d'autre vice que l'envie de se procurer du bien pour l'entretien de leurs familles. » (1)

Je tenais à rappeler à la population du Lavedan, par le langage de ce bon curé Joseph d'Espourrin, quelle fut envers elle l'aménité de caractère de ceux qui occupèrent autrefois en ces lieux la première position sociale, position dont ils n'usèrent que pour faire le bien. Le vénérable archiprêtre de Salles, mourut à un âge fort avancé, en 1789, après avoir dirigé pendant quarante-trois ans la paroisse de Salles. Il était né en 1707, et il vivait encore à l'époque du mariage de son neveu devenu plus tard juge à Tarbes, M. Joseph-Cyprien-Magdelaine d'Espourrin avec Mˡˡᵉ de Laugar ; il fut présent au contrat.

Quant au chansonnier, son aîné, la famille pense qu'il est mort au château de Miramont en 1754. D'après des papiers domestiques consultés par M. de Lagrèze, il serait mort de 1755 à 1758. M. Ducuing s'est trompé quand il a écrit qu'il vécut

---

(1) Bibliothèque de Tarbes. *État des paroisses du diocèse de Tarbes*, Tom. V, pag. 753.

célibataire et que la famille s'éteignit en lui. Elle s'éteignit si peu que son descendant en ligne directe, dont il est le trisaïeul, assiste avec Madame sa sœur à cette solennité. Que le magistrat distingué, nommé d'hier juge à ce même tribunal de Tarbes où siégea pendant trente ans son grand-père, recueille donc aujourd'hui les fruits d'affection semés dans ce pays par ses ancêtres ! Héritier de leur nom, de leur mérite, de leurs vertus, il a derrière lui un noble et beau passé ; la voie lui est ouverte pour un non moins brillant avenir....

APPENDICE

Jean d'Espourrin, père de
  Henri d'Espourrin, père de
    Pierre d'Espourrin, père de
      (1698) Cyprien d'Espourrin (le chansonnier), père de
        Jean d'Espourrin, père de
          Joseph-Cyprien-Magdelaine d'Espourrin (juge à Tarbes de 1805 à 1835), père de
            Jean-Louis-Magdelaine d'Espourrin, père de
            Cyprien-Armand, dit Émile, d'Espourrin, (juge à Tarbes en 1867).

ALLIANCES ET DESCENDANCES :

CYPRIEN D'ESPOURRIN (le chansonnier), laissa pour enfants :

1º Jean, qui s'unit à Marie-Anne de Ganos, dont la sœur aînée s'était déjà unie à Pierre-Marie de Lassus de Ladevèze, seigneur de Ladevèze, Pujo et Hugues, conseiller du Roi, lieutenant-général, juge-mage en la sénéchaussée de Bigorre. — Jean d'Espourrin est décédé à Adast, le 2 septembre 1778, à l'âge de 52 ans.

2º Marie-Elisabeth, morte célibataire.

3º Marie, qui s'unit à M. de Laparade

JEAN D'ESPOURRIN eut pour enfants :

1º Joseph-Cyprien-Magdelaine d'Espourrin, écuyer, seigneur de Viger, Miramont, et autres places. Juge à Tarbes de 1805 à 1835; décédé en 1836, au château de Miramont. Son petit-fils, Emile d'Espourrin, l'un des survivants actuels, vient d'être nommé, comme son grand-père, juge au même siége de Tarbes, quelques semaines avant la publication de la présente notice.

2º Louis d'Espourrin, mort très jeune, lieutenant de chasseurs à cheval ;

3º Jeanne d'Espourrin, qui épousa M. Boussès de Lagrange ;

4º Marie d'Espourrin, qui épousa M. de Tauzia ;

5º Marie-Marthe d'Espourrin, qui ne se maria pas ;

6º Madame Bacarrère, dont la fille s'unit à M. de Garat.

JOSEPH-CYPRIEN-MAGDELAINE D'ESPOURRIN s'unit à demoiselle Anne de Laugar, fille de Joseph de Laugar, écuyer, seigneur de Gayon, Montardon et Sizos, conseiller du roi au parlement de Navarre et de dame Geneviève de Bélard. — Le contrat fut retenu par Me Guillemainaud, notaire, le 8 octobre 1788, au château de Gayon — (*Minutes aujourd'hui à Lembeye.*)

De ce mariage sont issus :

1° Joseph d'Espourrin, capitaine d'infanterie, qui eut deux filles : Irma, unie à Achille d'Augerot, capitaine de douanes, et Julie (Madame Peyrigua);

2° Jean-Louis-Magdelaine d'Espourrin, capitaine d'infanterie, chevalier de la Légion d'honneur, décédé en 1833 ;

3° Julien d'Espourrin, un des survivants actuels, ancien greffier du tribunal de commerce d'Alger;

4° Elisabeth d'Espourrin ;

5° Hector d'Espourrin;

6° Chéri d'Espourrin.

JEAN-LOUIS-MAGDELAINE D'ESPOURRIN, uni en 1824 à Mlle Armande de Cruzy, eut pour enfants :

1° Cyprien-Armand, dit en famille Emile, d'Espourrin ;

2° Anne-Luce d'Espourrin, unie à M. Dézert (Aimé-Gaspard), capitaine au 8e régiment de chasseurs à cheval, chevalier de la Légion d'honneur, fils de Jean Dézert, capitaine d'artillerie à cheval de la garde, chevalier de la Légion d'honneur, et de St-Louis, et des ordres royaux de Naples et d'Espagne.

De ce mariage est issue Mlle Blanche-Armandine-Angélique Dézert.

CYPRIEN-ARMAND, dit en famille EMILE D'ESPOURRIN, marié à Mlle Xaviérette Grellet du Peyrat, actuellement juge au tribunal de première instance de Tarbes, a pour enfants au moment de la publication de cette notice :

1° Alice d'Espourrin ;

2° Louis d'Espourrin ;

3° Henri d'Espourrin.

FIN.